¡Sssssshhhhhhhhhhh!

Haz del teatro algo íntimo

Llévalo siempre en el bolsillo

Cubierta y diseño editorial: Éride, Diseño Gráfico
Dirección editorial: ángel jiménez
Ilustración de cubierta: Pedro Fernández

Primera edición: febrero, 2025

santas y perversas
© Jose Warletta
© VdB, 2025
Espronceda, 5
28003 Madrid

VdB®

ISBN: 979-13-87644-08-6
Depósito Legal: M-4468-2025
Diseño y preimpresión: Éride, Diseño Gráfico

Este libro protege el entorno

santas y perversas

Jose Warletta
(Cádiz, 1976)

Dramaturgo y director.

Licenciado en Bellas Artes, comenzó su carrera teatral en 2013 y desde entonces ha estrenado más de una veintena de obras. Algunas, como *Santas y perversas, Mi turno, La decisión de Lola. Última Planta* y *Los Tacones de Papá* han cruzado las fronteras y se encuentran triunfando en Sofía, Bulgaria, México o Puerto Rico; y próximamente Uruguay, República Dominicana, Panamá, Portugal, Argentina, Miami y Nueva York se sumaran a esta larga lista de países en los que este autor tendrá obras en cartel. El Teatro Lara, de Madrid, se ha convertido en su segundo hogar, lleva más de cuatro años con obras en cartel y con nuevos proyectos ya programados para el futuro. «Mi relación con el teatro siempre estuvo ahí, sin yo saberlo. Miraba escondido por la puerta de atrás del Gran Teatro Falla de Cádiz, como metían las diferentes escenografías. Yo no soñaba con sentarme en un palco, sino trabajar en las tablas creando mundos para que los asistentes rieran y se emocionaran. Y en ello estoy desde hace más de diez años». Miembro de la Academia de las Artes Escénicas de España y de la Academia de las Artes Escénicas de Andalucía es autor y director de *A Diva o muerte, Brigitte, Agustín ¡vete ya!, Callback, Educación asexual, El Cabaret de Citrica y ácido, No sin mis tacones, Mi Turno* y la obra *El Zapatero de Cádiz*, un emotivo homenaje a su ciudad natal y a su padre, quien fue zapatero en el barrio del Mentidero.

JOSE WARLETTA

santas y perversas

Esta comedia se estrenó en la sala La Encina Teatro de Madrid
el 1 de octubre de 2020, interpretada por
Joseba Priego (INSPECTOR), Miguel de Miguel (BOB / COSTANZA),
Noelia Márnez (ABADESA), Ángel Ramón Jiménez (ZORIONE)
y Fernando Bodega (SOLEDAD).

Dirección: Jose Warletta.

Personajes
(Por orden de intervención)

INSPECTOR

BOB

ABADESA

ZORIONE

CONSTANZA

SOLEDAD

Tras el oscuro, aparecen el INSPECTOR *Jefferson y el alguacil* BOB *leyendo la placa a los pies de la figura de la santa. Esta es de color negro y tienen un garfio en vez de mano izquierda.*

INSPECTOR   Santa Bruta de Palermo de las Sagradas Yagas Sangrantes S.A. ¿Sociedad Anonima?

BOB   ¡Santísima Agonía! ¿Cómo va a ser Sociedad Anónima? Ni que esto fuese una zapatería señor Inspector. ¿No conoce a Santa Bruta de Palermo?

INSPECTOR   No.

BOB   Es una santa muy milagrosa y es la madre fundadora de esta congregación, «El convento de las Hermanas Descalzas del Pie Diestro». Se fue de misionera a las selvas colombianas y no llevaba ni ocho horas cuando cogió una de esas enfermedades que solamente cogen las monjas y los monos.

INSPECTOR   ¿Y murió?

Bob	¡No, no, no! Gracias a su fe y a su devoción logró salvarse.
Inspector	¿Y de la infección perdió la mano?
Bob	¡No, no, no! Estaba un día lavando su hábito en el río, cuando vino un cocodrilo y ¡zas! de un mordisco le arrancó la mano...
Inspector	¿Y murió desangrada?
Bob	¡No, no, no! Gracias a su fe y a su devoción logró salvarse.
Inspector	¿Y el color?
Bob	Unos indigenas que no quisieron abrazar la fe cristiana la arrojaron a las brasas.
Inspector	¿Y murió quemada?
Bob	¡No, no, no! Gracias a su fe y a su devoción logró salvarse.
Inspector	¿Y cómo diantres murió esta mujer?
Bob	Pues un días se le metió una mota de polvo en el ojo, se rascó con el garfio y... tenía mucha fe y mucha devoción pero pocas luces.
Inspector	Bueno alguacil Bob, vayamos al caso que nos atañe. Tenemos en nuestras manos el caso más importante de la década. El asesinato de

la hermana Catherine Wellstone, de los Wellstone de toda la vida.

BOB   Mismamente mi hermana vive en Wellstone Street esquina Montera Bulevar, fíjese la notoriedad de dicha familia.

INSPECTOR   ¡Querido Bob! Cuantas noches de soledad aplaqué en esa calle Montera en mis años mozos comiéndome...

BOB   Siguen abiertas muchas heladerías aún inspector Jefferson.

INSPECTOR   Helados, sí, helados...

(El INSPECTOR *Jefferson empieza a ojear sus notas.* BOB *le enseña una foto.*)

BOB   Mire le acabo de hacer una foto al cadáver; la hermana Catherine Wellstone. Hermana mayor del Duque Wellstone III nacida el 24 de junio de 1923. (*Observa una foto de cerca.*) Tenía también la famosa marca de nacimiento como tienen todos los Wellstone.

INSPECTOR   Una manchita negra con forma de pene circuncidado.

BOB   Pero a la pobre le salió en la frente.

INSPECTOR   ¿Por qué nadie pinta los penes en las paredes sin circuncidar?

BOB Imagen curiosa que meteré en una cajita en mi cerebro y no la abriré jamás. Pues la rica heredera renuncia a la fortuna familiar para ser monja de clausura en el convento de las Hermanas Descalzas del Pie Diestro.

INSPECTOR Y después de tan solo once meses al servicio de dios la encuentran muerta mientras cenaba en horas intempestivas. Este caso y por la casta de la asesinada generará notoriedad y los periódicos de media Europa enviarán corresponsales sedientos de testimonios a este pueblo olvidado del condado de Briston. Por eso el mismísimo Duque Wellstone III me ha llamado en secreto para investigarlo. Nadie debe saber qué estamos haciendo hasta que sepamos quién mató a la hermana Catherine Wellstone, ¿entendido?

BOB Entendido, señor Inspector. Mi familia piensa que estoy investigando un robo en Canterbury.

INSPECTOR Perfecto. Repasemos los datos. ¿Quiénes se encontraban en la abadía en el momento del crimen?

BOB A esa hora solo tienen acceso las monjas de clausura, las que duermen aquí. La madre abadesa cierra las puertas a las 19:00 horas y vuelve a abrirlas a las 5:00 cuando las hermanas se despiertan y comienza la llegada de víveres y personas para comprar sus famosos dulces.

INSPECTOR	¿Dice usted que nadie puede entrar ni salir?
BOB	Afirmativo.
INSPECTOR	Entonces el asesino está aún dentro del convento.
BOB	Negativo.
INSPECTOR	¿Cómo?
BOB	Asesina, señor inspector. En esta zona de la abadía somos los únicos hombres que han entrado desde hace más de mil años.
INSPECTOR	Interesante. ¿Y antes de mil años quién entró?
BOB	Los vikingos asaltaron este lugar santo proveniente de las costas, violando a las hermanas y saqueando todas las riquezas que hallaron por el camino. ¡Distancia de seguridad señor inspector! masacre que hizo que las hermanas se encerraran entre estos muros bajo llave cada noche, desde hace más de un milenio.
INSPECTOR	¿Desarmadas sin nadie que las proteja?
BOB	La abadía cuenta con espadas, lanzas y armas. Durante la guerra muchos objetos de arte y coleccionismo se escondían en monasterios y abadías. Pero no veo yo usando unas espadas a unas monjas indefensas.

11

INSPECTOR	Pues esta noche no serán barbudos nórdicos los causantes de la herejía. Dígame los nombres de quienes se encontraban aquí, alguacil Bob.
BOB	Las hermanas Soledad Cawel, Emma Constanza, Urzuri Zorione y la madre abadesa, la Hermana Violeta Simoneti. ¿Lo tiene?

(*La pluma del* INSPECTOR *no le funciona y no le da tiempo de escribir los nombres.*)

INSPECTOR	Sí... Quiero hablar con todas y cada una de ellas. La asesina sigue entre estos muros y antes de que llegue el alba encerraré a la malhechora como me llamo Gregory B. Jefferson.
BOB	¿B?
INSPECTOR	Bonifacio, tengo ascendencia hispana, lo notará por la sensualidad que irradio con mis gestos latinos.
BOB	¿Latino? Sí, de Noruega.
INSPECTOR	¿Cómo?
BOB	¿Qué?
INSPECTOR	También necesitaré el informe forense.

BOB	Rosalinda Montgomery, médica forense está en la enfermería de la abadía reconociendo el cadáver.
INSPECTOR	¿Es discreta?
BOB	De mi total confianza. Se graduó con honores en la universidad de Birmingham, ha escrito dos libros que se estudian en todas las universidades británicas. Fue la primera mujer licenciada en su categoría y es madrina de mi niño, el pequeño Tommy. *(Le enseña una foto de su niño que saca de la cartera.)*
INSPECTOR	¿Es un niño?, ¿por qué va vestido de mujer?
BOB	No va de mujer, es Halloween y quiso vestirse de murciélago.
INSPECTOR	Y, ¿por qué lleva pendientes, zapatos de tacón y bolso? Creo que su disfraz no es de murciélago; es de bruja, de bruja fea.
BOB	Tengo una conversación pendiente con el pequeño Tommy.
INSPECTOR	Pues alguacil Bob, en cuanto la doctora Montgomery termine la autopsia hágamelo llegar. ¿Dónde se encuentran las sospechosas retenidas?

Bob	Están todas en el salón del té.
Inspector	¿En el comedor?
Bob	No, en el salón del té junto al cuarto de estar.
Inspector	¿En la salita?
Bob	No, señor inspector Jefferson. La salita está junto a la sala del coro, pasando el salón de rezos.
Inspector	¿Cuántos salones usa esta gente?
Bob	El que más usan es el salón del café.
Inspector	Dijo usted del té.
Bob	No, ese es otro, el salón del café...
Inspector	¡Cállese alguacil Bob! Estoy desubicado y ayúdame a colocar las sillas para el interrogatorio.

(*Mueven las sillas.*)

Bob	Las hermanas nos han dejado usar esta, la sala de recogimiento.
Inspector	Otra sala... ¿Quién fue la primera en encontrar el cadáver de la Hermana Catherine Wellstone?

BOB   La madre abadesa.

INSPECTOR   Quiero que las hagas pasar en el orden que te vaya diciendo. Y la primera será la madre abadesa, Violante Simoneti.

BOB   Violeta Simoneti.

INSPECTOR   ¡Es lo que dije!

BOB   ¡A sus órdenes inspector Jefferson!

INSPECTOR   Y usted quédese vigilándolas, no quiero que pierda de vista a ninguna de ellas. Que no se acerquen a las zonas que hemos acotado, no quiero que alguna pise el escenario del crimen.

BOB   Entendido, señor inspector.

(*Sale el alguacil* BOB *y entra la* ABADESA *Violeta Simoneti.*)

1.

Interrogatorio: Madre Abadesa sor Violeta Simoneti.

Entra con bastón, regia, seria, tosca en ademanes.

ABADESA   (*Acento italiano.*) ¿Por qué no nos hemos reunido en la sala de rezo matinal? El señor con su bendita bondad y sabiduría nos regala cada día unos rayos de sol que crea una iluminación mucho mejor que aquí, la sala de recogimiento. ¡La sala de recogimiento es una mierda! Nunca me gustó esta habitación, siempre quise convertirla en un salón de pintura mariana.

INSPECTOR   Mucho más práctico, donde va a parar, pero estamos bien aquí madre abadesa. Siéntese… (*Ella no se sienta.*) Sientese hermana. (*Ella no se sienta.*) Pues quédese de pie.

(*Ella se sienta.*)

ABADESA   Me voy a sentar. Hasta la sala de costura y macramé es «molto» mejore que esta…

INSPECTOR   ¡Basta ya de salones! Hermana abadesa, sor Coleta Chimonechi.

ABADESA ¡Violeta Simoneti!

INSPECTOR ¡Es lo que dije!

ABADESA Puede llamarme hermana Simoneti Limonchelo Tuto Fantuti... de Triana.

INSPECTOR ¿Es usted italiana?

ABADESA (*Acento argentino.*) ¡Cheeeeee! Italianas son las furcias, yo soy de Roma.

INSPECTOR Ah perdón, no quise ofenderla... Pero ese acento ahora es... ¿argentino?

ABADESA Uruguayo, inspector. Pase años de misionera con los chanáes, acabé de indigenas hasta la mismísima concha.

INSPECTOR Una vida de seguro interesante. ¿Cuénteme dónde se encontraba en el momento del disparo?

ABADESA Me encontraba en mi celda a punto de empezar mi segunda vuelta al rosario, cada noche rezo veintiocho Avemarías y treinta y seis Padrenuestros.

INSPECTOR Vamos que Dios la escucha por cansina.

ABADESA (*Acento catalán.*) «¡Escolti!». Cuando oí el disparo, bajé rápidamente desde mis aposentos

17

hasta el comedor. Tardé unos quince «minuts» en llegar aproximadamente a la tétrica escena.

INSPECTOR ¿Quince minutos? Ahora..., ¿catalán?

ABADESA Pasé mi adolescencia en el convento de Monserrat, Barcelona...

INSPECTOR Barcelona, España.

ABADESA ¡Eso lo ha dicho usted! (*Pausa.*) y de tanto rezo es normal que el acento se me pegara un poco.

INSPECTOR Pues a ver si se adapta porque me tiene mareado. Quince minutos dice que tardó, ¿por qué tardó tanto?

ABADESA Porque atravesé el salón de lectura, la sala de punto, el salón de té...

INSPECTOR Sí, sí, sí, perdón. Olvidé las dimensiones de este convento y la de salones que tiene.

ABADESA Esta casa de nuestro redentor es grande, sí...

INSPECTOR Sí, un «pisito» de verano no es.

ABADESA Alguna vez, tras comer los guisos de la hermana Soledad no llegué al baño y tuve que cambiarme hasta de hábito. Se me soltó la tripa y no me dio tiempo de llegar al baño, dejé un reguero de mierda...

INSPECTOR ¡Qué asco! ¡Cállese!

ABADESA ...me resbalé y me manché hasta la nuca, si usted hubiera visto...

INSPECTOR ¡Hermana, calle que voy a vomitar!

ABADESA ¿Qué pasa que usted no caga?

INSPECTOR Y al entrar, hermana Kawasaqui, ¿qué vio?

ABADESA ¡Simoneti! A la difunta, la hermana Catherine Wellstone, inerte, con la cabeza metida en el plato de sopa, como un vulgar garbanzo de un cocido de pueblo.

INSPECTOR ¿Notó algo extraño?

ABADESA A la difunta, la hermana Catherine Wellstone inerte con la cabeza metida en la sopa, es bastante extraño, ¿no inspector?

(La ABADESA *mira al suelo.*)

INSPECTOR ¿Qué mira?

ABADESA ¿Yo?

INSPECTOR Sí, usted.

ABADESA	¿Yo? Nada, bajé la cabeza... ¿y usted?
INSPECTOR	Nada.
ABADESA	Pues igual que yo.
INSPECTOR	Ummm, estaré observándola.
ABADESA	¡En el baño, no!
INSPECTOR	¿Está usted loca? No se me ocurriría...
ABADESA	¿Cree que no me he dado cuenta de la lujuria con que me ha mirado al entrar?
INSPECTOR	Por favor...
ABADESA	¿Por qué me hiciste así, Padre? Ni los hábitos consiguen ocultar este cuerpo creado para el pecado...
INSPECTOR	Volvamos al interrogatorio. Me refería si notó algo extraño en la sala: la posición de los muebles, una puerta abierta que solía estar cerrada...
ABADESA	Ahora que lo dice, observé que tenía la cuchara en la mano izquierda y ella era diestra.
INSPECTOR	Interesante... ¿Está usted segura?

ABADESA   (*Acento francés.*) Segurísima, en el convento de las Hermanas Descalzas del Pie Diestro no permitiríamos esa conducta.

INSPECTOR   (*Interiorizado.*) Otra vez cambio de acento...

ABADESA   De haber sido zurda la hubiésemos enderezado nada más entrar. De todos es sabido que el demonio tiene predilección por rarezas como esa. Corregirla es tan sencillo como golpear la mano intrusa con un arenque 834 veces tal como sor Bruta de Palermo nos enseñó.

INSPECTOR   ¿Golpearla 834 veces con un arenque? ¿Y esa es la solución?

ABADESA   Le confieso que no.

INSPECTOR   Imaginaba.

ABADESA   También vale una merluza.

(*Entra la hermana Urzuri* ZORIONE *con una bandeja y sirve té.*)

INSPECTOR   ¿Por qué ha entrado usted hermana, durante un interrogatorio oficial? ¿Qué está haciendo el alguacil Bob que no le prohibió el paso?

ZORIONE   Fue a evacuar.

INSPECTOR   ¡Bob!, ¡alguacil Bob!

ZORIONE   No se moleste, el aseo de obispos está lejos de aquí.

INSPECTOR   ¿Cómo de lejos?

ZORIONE   Atraviesa el salón papal, la salita del medinaceli, la salita de...

INSPECTOR   ¿Para qué pregunto? ¿Y por qué no ha esperado usted dónde se le ha indicado?

ZORIONE   Porque es la hora del té de la madre abadesa.

ABADESA   Llevamos siglos defendiendo unas tradiciones. No pensará que vamos a cambiarlas hoy.

INSPECTOR   Hay un cadáver, creo que es un día diferente a tener en cuenta, hermana.

ABADESA   Ella habría hecho lo mismo. Su padre, el duque Christoffer Blaster Wellstone III, se quedó ciego debido a la coz de un caballo y siguió saliendo a cazar cada sábado como era tradición.

INSPECTOR   ¿Y cazó?

ABADESA   ¡De todo! Liebres, perros, caballos, cocheros, doncellas, niños...

INSPECTOR   «Investigar las cientos de desapariciones» de la zona.

ABADESA   (*Le pide que se agache y le pega.*) ¡Cuelgue en el perchero la gabardina del señor inspector, no se quede ahí parada! Tan grande y tan mal educada... ¡te quedas sin flan!

INSPECTOR   No hace falta.

ABADESA   Insisto. Está usted en la casa del señor y yo soy la madre abadesa, déjenos atenderle como es debido.

INSPECTOR   ¿Cómo se llama usted?

ZORIONE   Yo soy la hermana Urzuri Zorione.

ABADESA   De las vascongadas, como su vello facial delata.

INSPECTOR   Sí, la veo a usted muy...

ZORIONE   ¿Alta?

INSPECTOR   Y regia.

ABADESA   Dios bendijo a la hermana Zorione con la fuerza de diez hombres.

INSPECTOR   Y la nuez de un caballo... hermana Piruli.

ZORIONE   ¡Urzuri!

ABADESA   (*Acento argentino.*) No da ni una…

INSPECTOR   Pues usted con el acento…

ZORIONE   Rezar con ella es como estar con una borra-
                 cha en una taberna.

ABADESA   ¿Que cuchicheáis?

ZORIONE   ¡Nada boluda!

INSPECTOR   Bueno, ¿dónde se encontraba usted cuan-
                 do la hermana Catherine Wellstone fue ase-
                 sinada?

ZORIONE   Cortando leña.

INSPECTOR   Oyó el disparo, supongo, y corrió a ver qué
                 pasaba.

                 (*Coge la taza de té. Esta ardiendo y hace el in-
                 terrogatorio evitando quemarse los dedos.*)

ABADESA   No, la hermana Zorione fue la última en lle-
                 gar a la escena del crimen.

INSPECTOR   ¿Y, por qué?… ¡Ahhhh! (*Se quema.*) ¡Y no
                 vaya a hacerme una lista de salones!

ZORIONE   Porque tenía que terminar de cortar la leña.

INSPECTOR   ¿No le extrañó el ruido de un disparo?

(Sigue quemándose pero no suelta la taza.)

ZORIONE   No es la primera vez que suenan tiros en estos lares.

INSPECTOR   ¿A qué se refiere?

ABADESA   *(Nerviosa.)* La hermana Zorione se refiere a que, a veces, nos llegan sonidos de disparos de caza de un coto cercano. Ya puedes marcharte hermana. Gracias.

INSPECTOR   No se vaya muy lejos y ¡llévese la lava de los cojones!

(Le da la taza, ZORIONE la coge sin inmutarse.)

ZORIONE   ¡Hombres!

(ZORIONE sale.)

ABADESA   *(Acento catalán.)* Investigue la «amistad» que unía a la hermana Zorione con la fallecida.

INSPECTOR   ¿A qué se refiere?

ABADESA   La hermana Zorione y la fallecida pasaban mucho tiempo juntas en el convento dedicándose al oficio más antiguo del mundo...

INSPECTOR   *(Sorprendido.)* ¿Eran putas?

ABADESA   ¡Panaderas, hombre, panaderas! El maligno a veces juega con mentes débiles llegando a confundirlas. Desde que llegó la hermana Catherine Wellstone, Satán formó parte de esta congregación... pero de ahí a rameras, ¿quién va a pagar por esos dos cromos?

INSPECTOR   Sea más clara.

ABADESA   ¡La monja muerta era una invertida! Una antinatura que se escondió entre hábitos para que su familia no supiese que deseaba féminas. Se paseaba por el claustro pavoneándose y lanzando miradas lascivas a las otras feligresas. Llegué a ver como tocaba el brazo de forma indebida a la hermana Zorione...

INSPECTOR   ¿Quiere decir que la hermana Catherine Wellstone era lesbiana?

ABADESA   ¡Invertida total! Y estaba liada con la vasca. Investigue por ahí, riña de enamoradas... ¡Deténgala y acabemos con esta pérdida de tiempo! Y alejemos de este lugar santo a semejante abominación del altísimo.

INSPECTOR   No pienso detener a nadie sin pruebas.

ABADESA   ¿Mi palabra de madre abadesa no es suficiente prueba?

INSPECTOR   No. ¡Zas, en toda la cara! ¿Sabe usted manejar un arma?

ABADESA   Se coge con la mano y se da al gatillo, ¿no inspector?

INSPECTOR   Bueno, sí...

ABADESA   No hay que ser neurólogo. Ahora el ¡Zasca! para usted.

INSPECTOR   ¿Tiene usted un arma?

ABADESA   Una, no; decenas, guardadas.

INSPECTOR   Déjeme adivinar. ¿En el salón de armas?

ABADESA   Efectivamente, junto a la sala de cartas, frente al salón de santa Águeda y cerca de mi celda... personal.

(*Se miran fijamente, ella con lujuria.*)

INSPECTOR   Ya puede irse.

ABADESA   No se le ocurra ir a mi celda.

INSPECTOR   No se me ocurriría.

ABADESA   Porque a veces me olvido de cerrar el pestillo y estoy en enaguas.

INSPECTOR   Ehhh... puede estar tranquila hermana... (*Llama a* BOB *nervioso.*) ¡Bob!

ABADESA	O, incluso desnuda... como Jesús en el pesebre.
INSPECTOR	¡Bob!
BOB	(*Entra y ve a la* ABADESA *«demasiado cerca» del* INSPECTOR.) ¿Que pasa aquí?
ABADESA	¿Que va a pasar? (*Señala su cuerpo y pone la mano del* INSPECTOR *Jefferson en uno de sus pechos.*) ¡Esto pasa! ¡Esto!
BOB	Señor inspector, contrólese.
INSPECTOR	¿Yo?... ¿Qué dice?... Acompañe a la hermana al salón de armas y que le entregue el inventario sacro, compruebe si falta algún arma.
BOB	¡A sus ordenes inspector Jefferson!
	(*Se va sin ella, para que le dé tiempo a cambiarse de ropa para el siguiente cuadro.*)
INSPECTOR	Pero no se vaya solo...Llévese a... ¡esta mujer! y que entre la hermana Mostaza.
ABADESA	¡Constanza!
INSPECTOR	¡Eso he dicho!
ABADESA	Y dale... por cierto la hermana Emma Constanza es... «peculiar» también.

INSPECTOR   ¿Peculiar?

ABADESA   Nunca le gustó la amistad forjada entre la hermana Zorione y la difunta. Otra a la que los celos podrían haberla empujado al pecado.

INSPECTOR   Veo que usted ama su congregación.

ABADESA   (*Al crucifijo.*) Yo me casé con Dios, mira que guapo, que abdominales. ¡Cuánto *fitnes* se hacía en Jerusalén! Yo me casé con Él no con sus otras amantes. ¡He dicho!… ¡no me mire el «culete» al irme! ¡Ha mirado!

(*Hace el juego de mirar.*)

INSPECTOR   ¡Bob que entre la siguiente hermana por favor!

ABADESA   (*Para ella.*) Sal de la habitación Violeta Simoneti que eres pura tentación carnal… y señor inspector no vaya a mirarme el culito al salir. (*Mira hacia atrás.*) ¡Ha mirado!

(*Sale de escena.*)

INSPECTOR   ¡Bob!

2.

Interrogatorio: Hermana Emma Constanza.

Entra con gafas de sol, ella es ciega, pero va con soltura y decisión hasta el lado del escenario que no hay silla, se sienta y cae al suelo. Los muebles han sido movidos, pero ella no lo sabía.

CONSTANZA   Dos pasitos a la derecha, uno a la izquierda, doy un giro… ¡Y ya estoy ubicada!

INSPECTOR   ¡¿Hermana, está usted bien?!

CONSTANZA   ¡Por dios bendito! ¿Quién ha movido los muebles? Me he roto la curcusilla.

INSPECTOR   Perdón hermana movimos las sillas para el interrogatorio…

CONSTANZA   ¿No sabe que nunca se debe mover los objetos donde vive una ciega?

INSPECTOR   No sabía que usted era invertida…

CONSTANZA   ¿Cómo?

INSPECTOR   ¡Invidente!

CONSTANZA   Y las gafas de sol, ¿para qué las llevo?, ¿porque soy guay? (*Mientras le ayuda a levantar-
se la gira varias veces sin querer y termina to-
talmente desubicada.*). ¡Estese quieto por santa Águeda bendita, mártir y madre! Ahora sí
que no tengo ni idea de dónde estoy pero me
siento sucia.

INSPECTOR   Discúlpeme hermana Matanza...

CONSTANZA   ¡Constanza!

INSPECTOR   Lo que dije... ¿cómo puedo ayudarla?

CONSTANZA   Dígame, ¿dónde está la estatua del caballo
de Santiago? Una grande de mármol blanco,
con unos grandes...

(*No hay ninguna estatua de ningún caballo. El
INSPECTOR para no confundirla más le acerca
la pata de una silla para que la toque.*)

INSPECTOR   Aquí.

CONSTANZA   Vale, entonces el caballo a la izquierda, reloj
de pie enfrente, mesa a la derecha... (*Nada
coincide con su explicación.*) Ya estoy ubicada. (*Se pone a hablar hacia el otro lado de donde se encuentra el INSPECTOR.*) ¿En qué puedo ayudarle?

INSPECTOR (*Corre y se pone donde ella está mirando.*) ¿Dónde se encontraba cuando la hermana Wellstone fue asesinada?

CONSTANZA Pues acababa de terminar de tejer una nueva bufanda para los ancianos.

INSPECTOR ¿Tejer?

CONSTANZA ¿De qué se sorprende? Los ciegos desarrollamos y perfeccionamos otros sentidos. Mira que belleza… (*Saca una bufanda horrible con tenedores y cucharas agarradas.*) Les colgué abalorios en forma de pajaritos y golondrinas; palomas no, y algunos como este, (*Cuchara.*) una medalla de nuestra Virgen María niña. (*Besa la cuchara.*) Bendícenos madre, santa y blanca, la reina del Martes Santo.

INSPECTOR Hermana tenga cuidado con los «abalorios» creo que se ha cortado con uno.

CONSTANZA Tranquilo inspector que yo soy como una piedra dura de Cambridge, que no se puede aguantar. La gente piensa que por estar ciegos somos más torpes. (*Habla para ella.*) Si el caballo está allí, aquí estará la mesa de la entrada… (*Dobla la bufanda y la tira al suelo pensando que hay una mesa.*) …y no es así señor inspector. (*Anda y se para en seco.*) No se asuste que sé que estoy frente a un jarrón, tenga confianza. (*Esquiva algo que no existe.*) lo esquivo y ya está. Soy bendecida por el altísimo con la memoria y la orientación. Ahora déjame que me siente aquí que estoy un poco cansada y dolorida por el golpe que me he dado por su culpa. (*El* INSPECTOR *le acerca corriendo una silla ya que no hay ninguna donde va a sentarse.*) Pues como le decía, mientras recogía las agujas de punto oí el disparo, me asusté y corrí para saber qué pasaba.

INSPECTOR   ¿Y qué vio?

CONSTANZA   ¿Cómo?

INSPECTOR   ¿O... sintió?

CONSTANZA   La puerta.

INSPECTOR   Dice que ¿oyó a alguien en la puerta?

CONSTANZA   No. Que no vi la puerta. ¡Me pegué un mamporro!, tengo los ojos como dos chirimoyas. (*Enseña un ojo morado.*) La cerrarían y estuve unos minutos inconsciente tirada, hasta que la hermana Soledad, un ángel, me recogió del suelo y me llevo a la sala del té, ¿la conoce?

INSPECTOR   No.

CONSTANZA   Tiene unos grabados míos en las paredes de la crucifixión de nuestro señor Jesucristo maravillosos...

INSPECTOR   Serán preciosos, como la bufanda.

CONSTANZA   Sí, inspector, también pinto y le doy de comer al loro. No me gusta vanagloriarme, bien lo sabe nuestro Señor, pero soy bendecida por Dios con tantos dones... ¿Ve los lienzos que cuelgan en estas paredes? No se lo creerá, pero son todos míos. ¿Dígame, cuál es su favorito?

INSPECTOR   (*No hay ninguno.*) No sabría decirle.

CONSTANZA   No sea tímido, dígamelo.

INSPECTOR   ¿El de la virgen?

CONSTANZA   (*Pausa dramática.*) ¿Virgen?

INSPECTOR   ¿No es la virgen?

CONSTANZA   (*Pausa dramática.*) ¡Ah! Se refiere usted a san Juan el Bautista, lo pinté sin barba ya que la imagen se remonta a su adolescencia, una confusión debido a la melena rizada que luce. Este me ha quedado perfecto, ¿no?

INSPECTOR   Sí, eso es, ¿podemos volver a la pregunta?

CONSTANZA   Luego le voy a regalar un cuadro de la Inmaculada Concepción que acabo de terminar.

INSPECTOR   No hace falta, muchas gracias.

CONSTANZA   Insisto.

INSPECTOR   Y aparte del disparo, ¿oyó algo más?

CONSTANZA   Ahora que lo dice oí a dos personas discutir en el jardín.

INSPECTOR   ¿Reconoció a quiénes pertenecían las voces?

CONSTANZA   Mi afinado oído, comparable al de una zorra... montañesa, detectó a dos personas: una mujer que reía en medio de la discusión y otra voz sonaba más enfadada, más grave, más varonil.

INSPECTOR   ¿Varonil?

CONSTANZA   (*Se levanta mirando al lado contrario donde el* INSPECTOR *se encuentra y grita.*) ¿Cómo no caí antes? ¡La hermana Urzuri Zorione!

INSPECTOR   Dijo varonil...

CONSTANZA   En las vascongadas, las mujeres son duras como el roble de voz grave y axilas pobladas.

INSPECTOR   ¿Oyó de qué hablaban?

CONSTANZA   No, hasta ahí no llegué, si el viento hubiera venido a favor igual, pero no llegué a entender nada.

INSPECTOR   Ha sido usted muy útil, la acompaño a la salida. ¡Bob!

CONSTANZA   No hace falta señor inspector, conozco cada rincón de este convento como la palma de mi mano. Usted mire con qué soltura ando, sin dudas. Gracias Señor por este don tan desarrollado. Bueno, hoy estoy un poco confundida, pero eso es por su culpa que me lo ha movido todo. Iré por las escalera porque: «quien mueve las piernas, mueve el corazón».

INSPECTOR   ¡Alguacil Bob!

ABADESA   ¿Me ha llamado?

INSPECTOR   La que faltaba... No, madre abadesa, estaba llamando a Bob.

ABADESA   (*Silencio largo mirándose.*) ¿Usted sabe que una sierva de Dios no puede conocer varón?

INSPECTOR   Lo sé, lo sé... y, ¿usted lo sabe?

ABADESA   ¡Que sinvergonzón! (*Se le cae el rosario, lo recoge mientras muestra el culo al agacharse exageradamente.*) ¡Ups! Que torpe estoy...

INSPECTOR   ¡Dios santo! Esto cada vez se está poniendo peor...

ABADESA   ¿Qué se le está poniendo que?

INSPECTOR   ¡Bob!

(BOB *entra con la hermana* SOLEDAD *y ve la escena.*)

BOB   ¿Ocurre algo? ¿Que hace usted aquí madre abadesa?

ABADESA   Nada, creí que me había llamado el inspector.

INSPECTOR   Ya se iba…

BOB   Uhhh. Aquí hay tema, tema…

(*Sale la madre* ABADESA.)

3.

Interrogatorio: Hermana Soledad Cawell.

Entra tímida. Es sorda.

INSPECTOR	Pase y siéntese aquí. Hermana... Calamidad.
SOLEDAD	(*Sonidos ininteligibles.*)
INSPECTOR	¿Le está dando un ictus?
BOB	No, señor inspector, es sorda.
INSPECTOR	Lo que me faltaba, ¿pero usted me entiende? ¿lee los labios?
SOLEDAD	(*Sonidos ininteligibles y signos.*)
BOB	Dice que solo un poco y que la está asustando.
INSPECTOR	Disculpe hermana, no quería contrariarla. ¿Cómo vamos a entendernos?
BOB	Yo hablo un poco el lenguaje de signos, mi cuñado es sordomudo, trabaja de funcionario.

(Los dos se miran y hacen una pausa cómica.)

INSPECTOR   Pues quédese y ayúdeme a entendernos alguacil.

BOB   *(Mientras hace signos.)* Hermana Soledad yo le traduciré al inspector lo que usted diga, ¿vale?

SOLEDAD   *(Asiente con la cabeza.)*

BOB   Dice que sí.

INSPECTOR   ¿Pregúntele dónde se encontraba cuando apareció la hermana asesinada?

BOB   *(Hace signos mientras habla el* INSPECTOR, *un símbolo exagerado es «hermana muerta».)*

SOLEDAD   *(Hace signos, el* INSPECTOR *observa muy detenidamente.)*

BOB   Yo me encontraba… bueno yo no.

INSPECTOR   ¿Ella, no?

BOB   No, yo.

INSPECTOR   ¿Pero ella?

BOB   Ella sí.

SOLEDAD   *(Sonidos que se entiende: «gilipollas».)*

BOB   Continúe, hermana.

SOLEDAD   (*Hace signos.*)

BOB   Acababa de servir la sopa a la hermana Ca-
             therine en el salón comedor terminando así
             sus labores de cocina por el día de hoy. An-
             tes de retirarse a su celda, se paró en la sala
             de música para afinar el órgano cuando vio
             por la puerta pasar corriendo a la madre aba-
             desa…

INSPECTOR   ¿Afinando el órgano?

BOB   Eso dice.

             (*Tic de la cara,* SOLEDAD *mira y el* INSPECTOR
             Jefferson le sigue.)

INSPECTOR   ¡Otra que mira hacia allá! ¿qué mira?

BOB   (*Traduce.*)

SOLEDAD   (*Con signos.*) ¿Yo?

INSPECTOR   Sí, tú.

SOLEDAD   (*Con signos.*) ¿Yo? Nada ¿y usted?

INSPECTOR   Nada.

SOLEDAD   (*Con signos.*) Pues igual que yo.

BOB	Si van tan rápido yo no puedo traducir.
	(*Mientras habla se dirige al lugar donde mira para ver si localiza algo.*)
INSPECTOR	Vio correr a la hermana Olivetti y...
BOB	Simonetti.
INSPECTOR	¡Lo que he dicho!
SOLEDAD	(*Hace signos y repite el símbolo exagerado de «hermana muerta» mientras* BOB *la traduce y el* INSPECTOR *observa muy detenidamente.*)
BOB	Y la siguió para ver que estaba pasando, hasta llegar al salón comedor donde se encontró a la...
	(*Hace gesto de la hermana muerta.*)
INSPECTOR	(*Hace el mismo gesto.*) Hermana muerta.
SOLEDAD	(*Sonidos que se entiende «noooo», «Dios santo».*)
BOB	¡Inspector Jefferson, no diga eso! Es una monja.
INSPECTOR	¿Hermana muerta?
	(*Haciendo el mismo gesto.*)

SOLEDAD   (*Sonidos que se entiende «noooo», «madre de dios».*)

BOB   Estese quieto, no lo repita, eso significa...

(*Le susurra en el oído.*)

INSPECTOR   ¿Con el puño?... perdón hermana Chocheta, no fue mi intención insinuar que quería meterle por el...

(*Hace señal con el puño, ella se asusta.*)

BOB   (*Traduce con gestos.*) Hermana, se confundió, no se asuste, discúlpenos.

SOLEDAD   (*Se recompone.*)

INSPECTOR   Entiendo que no pudo oír nada, pero pregúntele si la fallecida tenía algún problema o rencilla con alguna otra monja.

SOLEDAD   (*Hace signos.*)

BOB   (*Traduce con gestos.*) Dice que en estos santos muros no es oro todo lo que reluce y que a veces lo mundano supera lo sagrado.

INSPECTOR   ¿A qué se refiere? Que profundice.

BOB   (*Traduce con gestos al* INSPECTOR.)

SOLEDAD   (*Hace signos.*)

BOB   (*Traduce los gestos.*) Desde que la hermana Catherine Wellstone llegó una noche fría de invierno, el maligno, al que todos temen y que del agua bendita huye, apareció en la abadía. Se podía notar en los pasillos el aliento de la bestia merodeando para atacar cuando menos lo esperamos...¡Dios que susto!

INSPECTOR   La historia me ha acongojado.

BOB   A mí, acojonado...

SOLEDAD   (*Sonidos que se entiende: «gilipollas».*)

INSPECTOR   Perdón Bob, continúe.

SOLEDAD   (*Hace signos.*)

BOB   (*Traduce los gestos.*) El maligno apareció en forma de envidias, celos y lascivias.

INSPECTOR   ¿De quién y hacia quién?

BOB   (*Traduce con gestos.*)

SOLEDAD   (*Hace signos.*)

BOB   (*Traduce los gestos.*) Era voz populi que la hermana Catherine Wellstone tenía una misión proveniente del mismo vaticano: ser la sucesora de la madre abadesa, Violeta Simoneti.

INSPECTOR   Interesante.

SOLEDAD   (*Hace signos.*)

BOB   (*Traduce los gestos.*) También la amistad íntima (*Gesto de tijeras.*) de la hermana Catherine Wellstone con la hermana Urzuri Zorione no era bien recibida por la hermana Constanza, ya que antes de la llegada de la fallecida era ella, la hermana Constanza la amiga íntima (*Gesto de tijeras.*) de la hermana Zorione.

INSPECTOR   Interesante, ¿y cuál era su relación con ella?

BOB   (*Traduce con gestos.*)

SOLEDAD   (*Hace signos.*)

BOB   (*Traduce los gestos.*) Nula. No llegó a conocerla bien. Ella pensó que era una malcriada, cansada de las riquezas familiares que solo quería llamar la atención al hacerse monja. Una familia cruel que solo los ropajes los separa de los cerdos. Una casta de necios, egoístas y que no querían a nadie. No lamenta su muerte porque piensa que Dios así lo quiso. Pues si no lo lamenta hermana, no lo lamente, estas cosas tampoco hay que forzarlas.

INSPECTOR   ¿Por qué odia así a la familia Wellstone?

BOB   (*Traduce con gestos.*)

SOLEDAD (*Hace signos.*)

BOB (*Traduce los gestos.*) Ella fue abandonada en la puerta de este convento, nunca conoció a su familia, la dejaron envuelta en una mantita con la palabra mal bordada Cawel, de ahí su nombre hermana Soledad Cawel. Junto a ella había una nota que decía: «esta, para vosotras» sin más. Crecí sin el calor de un hogar, sin mimos, ¡Que pobre hermana, qué pobre!... Una infancia austera, una adolescencia solitaria y ahora una madurez de recogimiento. La fallecida tenía todo lo que yo no tuve y en vez de valorarlo se mete aquí a trastocarlo todo y solo porque estaba aburrida. Egoísta estúpida.

INSPECTOR Bob, acompañe a la hermana Sorbete de Camel al salón del... ¿cinquíllo?

BOB Soledad... Del té... déjelo.

INSPECTOR ¡Eso es! Dele las gracias por su testimonio, ha sido aclaratorio.

BOB (*Traduce con gestos.*)

SOLEDAD (*Hace una reverencia con la cara.*)

BOB Dice que...

(*Hace la misma reverencia con la cara.*)

INSPECTOR   Y dígale que entre la bolle... hermana Pur-
             purina Orchicone.

4.
Interrogatorio: Hermana Urzuri Zorione.

Entra con delantal y manchada de harina.

INSPECTOR   Her-ma-na Ur-chu-ri Zo-ri-po-ne.

ZORIONE   Puede llamarme hermana Zorione. ¿Eso que le escurre por la cabeza es el agua bendita?

INSPECTOR   Es mi sudor latino y ¡aquí las preguntas las hago yo! ¿De qué se encarga usted en este convento? ¿Cuál es su cometido?

ZORIONE   Corto leña, realizo los pedidos para la congregación e incluso subo los sacos de víveres que nos dejan en la puerta hasta la cocina, porque aquí no entran hombres. Pinto las paredes y arreglo ventanas. Vamos, mantenimiento general. ¡Ah! Y soy la encargada de la panadería...

INSPECTOR   (*Sarcasmo.*) ¡Ah!, ¿es usted panadera?

ZORIONE   Bai.

INSPECTOR   ¿Y hará también... bollos?

ZORIONE   ¡Los mejores del condado! Cientos de feligreses vienen desde las comarcas colindantes a buscar a la monja bendecida con dedos prodigiosos que realiza tan buena bollería.

INSPECTOR Pues si la que hace pan es panadera, la que hace bollos es...?

ZORIONE   Panadera también.

INSPECTOR Sí, sí, sí... me dijo usted que se encontraba cortando leña en el momento del asesinato.

ZORIONE   Bai.

INSPECTOR También mencionó que no era la primera vez que oía disparos.

ZORIONE   Bai.

INSPECTOR ¿Sabría decirme quién es la aficionada a las armas que no duda en disparar dentro de un lugar santo?

ZORIONE   No con seguridad, pero le diré que solo dos personas tienen acceso a las llaves de la armería.

INSPECTOR ¿Dos? Sabía de la madre abadesa, pero no de otra persona más.

ZORIONE   La hermana Soledad no solo se encarga de la cocina, sino también de la limpieza. Ella tiene llaves de todos los armarios, salones y salas del convento.

INSPECTOR   Pues el llavero le pesará lo suyo...

ZORIONE   (*Interiorizado y sarcastica.*) Qué chispa.

(*Toca una silla como si cojeara, la pone encima de la mesa y saca del delantal un martillo, empieza a golpear la silla.*)

INSPECTOR   ¿Qué está haciendo?

ZORIONE   Se ha soltado una pata y es peligroso, ahora mismo lo encajo y ya está. Ve fácil, fácil y para toda la familia.

INSPECTOR   ¡Deje de dar golpes!

ZORIONE   Perdone (*Deja de dar golpes a la silla, la coloca al revés que el resto, mete el martillo en el delantal y saca un bollo.*) ¿Quiere un bollo?

INSPECTOR   ¡No gracias!

ZORIONE   Pues es rico, rico y con fundamento.

INSPECTOR   ¿Qué tipo de relación le unía a la fallecida?

ZORIONE   Hermana de fe.

INSPECTOR   ¿Solo «hermana»?

ZORIONE   No le entiendo.

INSPECTOR   ¿Mantenía una relación sentimental con la hermana Catherine Wellstone?

ZORIONE   Matice.

INSPECTOR   ¿Eran pareja?, ¿se daban besitos?, ¿dormían juntas? ¡¿Es usted un hombre?! (*Le agarra la entrepierna y descubre que no es un hombre.*) Ah, pues no, disculpe hermana...

ZORIONE   No le pego una bofetada porque la ira es un pecado capital, pero como vuelva a ponerme una mano encima le prometo por la virgen de Ainhoa, patrona de Euskal-Herria, que sale por la vidriera.

INSPECTOR   Perdón... su vello facial, su voz... sus inclinaciones.

ZORIONE   ¿Qué inclinaciones si yo ando recta?

INSPECTOR   Corramos un tupido velo.

ZORIONE   Más estúpido que tupido.

(*Entra* BOB *y quita la tensión.*)

BOB   ¿Qué pasa aquí?

ZORIONE   Me ha metido mano.

BOB

Señor inspector que podría ser... su hermano.

INSPECTOR

Ha sido un error, yo no quería...

ZORIONE

Pues para no querer, bien que me ha apretado la «pepitilla».

BOB

¿Qué le ocurre a usted con las monjas? Mi cuñado también tiene filias sexuales, pero con animales, a veces mi hermana se pone una careta de caballo para hacer...

INSPECTOR

¡Cállese!

ZORIONE

Para hacer, ¿qué?

BOB

Pues... cosas intimas...

ZORIONE

¡Madre de dios!

INSPECTOR

Cambiemos de tema ¿Qué ha descubierto en la armería, alguacil Bob?

BOB

(*Trae un libro.*) Aparte de muchísimo polvo, según el inventario sacro falta un rifle Smith & Wesson, modelo Ruso de 1873, fabricado por la casa Odeler. La madre abadesa niega su existencia y dice que es una errata ya que esa arma nunca ha estado en esta abadía. También me pregunta literalmente si ya está detenida la lesbiana.

ZORIONE

¿Lesbiana?

Inspector	¿Así lo dijo?
Bob	Bueno dijo: (*Acento gallego*.) «Pregunte al *filliño* si esta detenida la lesbiana»
Zorione	¿Quién es lesbiana?
Inspector	No sé...

(*Se acerca a ella.*)

Bob	Frio, frío... Caliente, caliente
Inspector	¡Alguacil Bob!
Zorione	¿Yo?
Inspector	Eso se comenta.
Zorione	Aquí hay muy malas lenguas.
Bob	Lenguas, sí, lenguas...
Inspector	Gracias alguacil, ¡ya puede marcharse!
Bob	¡A sus ordenes señor inspector!
Inspector	No se ofenda hermana y sobre todo no me pegue. Según varias fuentes, usted mantenía una relación lésbica, no sé si amorosa o de índole sexual, con la monja encontrada muerta, ¿es así?

ZORIONE   (*Hace pausa.*) Llevo más de quince años de-
           dicada al servicio de Dios, al servicio de las
           hermanas, al servicio de la congregación, del
           pobre... Pero nunca fui servida por nadie.
           Cuando la hermana Catherine Wellstone lle-
           gó fue amable conmigo. Ella me ayudaba a los
           quehaceres diarios, quería que le enseñase a
           arreglar puertas, a cortar leña, cosas típicas
           de monjas. Y sin buscarlo creí encontrar una
           amiga. Pero no era real ni reciproco, ella ju-
           gaba con el cariño que yo le profesaba, yo
           era una marioneta en sus manos, un jugue-
           te de una niña malcriada. Decidí hablarle de
           mis sentimientos...

INSPECTOR   ¿Y...?

ZORIONE   (*Se levanta.*) ...pero al final preferí arrodi-
           llarme y pedir perdón a mi salvador. Y con
           mi penitencia espero encontrar el perdón.

INSPECTOR   ¿Entonces no tuvo una relación con ella?

ZORIONE   Ni con ella ni con nadie. Soy una sierva de
           Dios.

INSPECTOR   ¿Y con la hermana Calabaza?

ZORIONE   Pobre hermana ¡Constanza! Su falta de vi-
           sión es un defecto menor comparado con
           otros defectos mucho más dañinos...

INSPECTOR   ¿Cómo el de tejer?

ZORIONE   ¿Ha visto sus pinturas?

INSPECTOR   No.

ZORIONE   Ella piensa que están colgadas por todo el convento y las hemos tirado todas... eran horrendas.

INSPECTOR   Aparte de su cuestionado buen gusto, creo que se refería a otro «defecto», ¿no es así?

ZORIONE   Ella está obsesionada conmigo. Cree que le pertenezco. Le molesta si hago amistad o simplemente hablo con otra persona, amenazaba a quienes se me acercaban y odiaba a la hermana Catherine Wellstone.

INSPECTOR   Interesante. (*Levanta la voz.*) ¡Bob! haga pasar a las hermanas

BOB   (*Desde fuera.*) ¡A sus ordenes inspector Jefferson!

5.

Interrogatorio: todas.

Entran cantando música sacra. Se sientan. La hermana CONSTANZA *se sienta en una silla que el* INSPECTOR *dejo mirando hacia atrás.*

ZORIONE   Estás sentada al revés.

CONSTANZA   Estaréis al revés vosotras.

INSPECTOR   Tras los interrogatorios pertinentes y a la espera del informe forense que confirme mis sospechas, puedo decir con la más absoluta certeza que me encuentro frente a la asesina de la hermana Catherine Wellstone. Por eso quiero que me atiendan detenidamente. ¿Quién traduce a la hermana... sorda?

ABADESA   *(Acento eslovaco/ruso.)* No se preocupe todas hablamos el lenguaje de signos. La santa madre iglesia nos obligó a aprenderlo ya que el demonio habla este lenguaje y en algunos exorcismos hace falta.

CONSTANZA   ¿Pero quién habla?

ZORIONE   La madre superiora.

CONSTANZA   ¡Ah!, que ahora es de Transilvania.

INSPECTOR   ¿El demonio es sordomudo?

ABADESA   Es dramático simplemente. Valora mucho una buena puesta en escena.

ZORIONE   Pero vamos que la hermana Soledad lee los labios, no necesita traductor.

INSPECTOR   (*A* SOLEDAD.) ¿Y por qué nos hizo traducirle antes, hermana?

ABADESA   ¡Es una vaga!

SOLEDAD   (*A su manera.*) Po´sí.

CONSTANZA   Antes de empezar le he traído este obsequio, señor inspector. Acabo de terminarlo, no toque lo pintado en rojo que me han traído una nueva pintura de óleo que tarda en secarse.

INSPECTOR   ¡Toqué el rojo! (*Se lo huele.*) ¿Es ketchup?

CONSTANZA   ¿Cómo?

ZORIONE   Dé gracias que no ha necesitado usar el color marrón.

ABADESA   No sabe como olía la cruz de Jesucristo.

CONSTANZA   No las entiendo hermanas.

INSPECTOR   ¡Umm! Gracias hermana! No hacía falta.

CONSTANZA   Tranquilo, mire a su alrededor. Apenas hay huecos para más obras de artes mías.

              (*No hay ninguna colgada.*)

INSPECTOR   No cabe ni una más, tiene razón.

SOLEDAD   (*Hace gestos criticando el cuadro, todas se ríen.*)

CONSTANZA   ¡¿Estáis hablando?!

ABADESA   No, hermana Constanza, solamente espantábamos moscas.

              (*Les pega.*)

INSPECTOR   Retomando el tema que nos atañe y por el cual están ustedes aquí sentadas. Tras repasar mis notas ninguna de ustedes sabe a ciencia cierta quién es la asesina de la hermana Catherine Wellstone... (*Todas disimulan y se señalan unas a otras menos la ciega que señala donde no hay nadie.*) ¡Dije a ciencia cierta! Todas intuís, sospecháis... algunas incluso deseaban que la monja tuviese este fin, pero ninguna vio a la asesina.

CONSTANZA   Yo no la vi.

INSPECTOR   Resumiendo: sobre la una y treinta horas de esta madrugada se oyó un disparo. Estamos pendientes de saber el calibre de la bala en el informe forense, pero todo apunta a que salió de un rifle Smith & Wesson, modelo Ruso de 1873, fabricado por la casa Odeler. El cual falta según el inventario sacro actualizado el pasado mes de diciembre.

ABADESA   (*Acento gallego.*) ¡Discrepo! Ese inventario está equivocado, yo no he cogido ningún arma.

INSPECTOR   ¿Por qué lo va a coger usted?

ABADESA   Porque están bajo llave y yo las guardo. Son reliquias históricas de la abadía y las protejo con mi vida.

INSPECTOR   ¿Está segura que solo tiene llaves usted? (*La hermana* SOLEDAD *esta despistada mirando para otro lado. Jefferson hace gestos exagerados para que lo mire.*) ¿O usted también tiene acceso a la sala de las reliquias y armería hermana Calamidad?

CONSTANZA   ¿Quién?

ZORIONE   Creo que se refiere a la hermana Soledad.

INSPECTOR   ¡Eso dije!

CONSTANZA   No, dijo Calamidad yo escucho a la perfección…

INSPECTOR   ¡Cállese!

ABADESA   ¡Ah, pues si hay más de una llave entonces el inventario igual está bien!

SOLEDAD   (*Hace gestos.*)

ZORIONE   (*Traduce.*) Yo solo limpio, le juro señor inspector que jamás he usado un arma.

ABADESA   Contestación típica de una impía. Deténgala ya, para que podamos ir a la misa de las seis.

CONSTANZA   Sí, sí, sí... detenga a Calamidad!

ZORIONE   ¡Habla de Soledad!

CONSTANZA   ¡Que se aclare! Señor inspector, ¿quiere detener a Soledad o a Calamidad?

ABADESA   Dale de mi parte.

             (ZORIONE le pega.)

CONSTANZA   ¿Quién ha sido?

ZORIONE   La madre superiora.

CONSTANZA   ¡Que larga tiene la mano la tapón!

INSPECTOR   ¡Cállense! No es una prueba concluyente, solo es un hecho a tener en cuenta. Tener acceso a las armas no significa que ella sea la asesina, además no sabemos si el arma que falta es la causante del homicidio. Sigo con el resumen de mis notas: tras ser disparada en la frente con una precisión perfecta...

CONSTANZA   (*Susurra.*) Eso me hace sospechosa, lo sé pero no.

INSPECTOR   ...es encontrada por la hermana Raspinetti.

ZORIONE
/ABADESA   ¡Simonetti!

CONSTANZA   ¿Hay monjas nuevas y nadie me las ha presentado?

INSPECTOR   ¡Cállense! Es encontrada sentada en la mesa con la cabeza dentro del plato de sopa.

ABADESA   (*Acento inglés.*) Como un garbanzo.

INSPECTOR   Aquí encontramos una anomalía. La hermana Catherine Wellstone siendo diestra, agarraba la cuchara con la mano zurda...

(*Todas juntas se persignan y repiten tres veces.*)

TODAS   «Luciferum alejan la manu intrusa».

INSPECTOR   Y para que dicha rareza no vaya sola, es acompañada de otra no menos peculiar: a la fallecida le falta un zapato. Si dejo volar a mi imaginación podría deducir que el cadáver fue trasladado y colocado en esa posición y que las dos anomalías se deben a la torpeza de la asesina que perdió un zapato de la asesinada, en dicho traslado, y en un afán absurdo de confundir le colocó la cuchara, pero en la mano equivocada, la zurda...

(*Todas juntas se persignan y repiten tres veces.*)

TODAS   «Luciferum alejan la manu intrusa».

INSPECTOR   En el primer reconocimiento oficial encontré esto en el jardín. (*Saca un zapato en una bolsa de pruebas lo golpea en la mesa.*) ¿Saben lo que es?

CONSTANZA   Por el ruido creo que es un salchichón o...

INSPECTOR   Es un zapato.

CONSTANZA   ...o un zapato, eso iba a decir señor inspector. (*La* ABADESA *le pega.*) ¿Quién ha sido?

ZORIONE   La madre abadesa.

CONSTANZA   Que largo tienen el brazo la políglota.

INSPECTOR   Por que, ¿quién es tan absurda de perder un zapato y ponerse a cenar sopa sin buscarlo?

ABADESA   ¿Absurda en este convento...?

TODAS   ¡Todas menos yo!

INSPECTOR   Sé que esconden algo. Mi instinto de perro de caza nunca falla.

ZORIONE   Pues yo creo que algo le falla. Volvamos al tema. Habla de la posibilidad de que el cadáver fuese trasladado ya inerte… ¿Pero el tiro se lo dieron en el comedor o en el jardín?

INSPECTOR   En el comedor.

CONSTANZA   (*Se le cae el peluquín del* INSPECTOR *en el regazo.*) Ay, Jeremías III, que por fin has aparecido. Has vuelto con tu mamita. ¿Quién te quiere a ti? ¿Ha visto, hermana Zorione, como no confundí al gato con un conejo y lo metí en horno.

ZORIONE   ¡Ves!

CONSTANZA   ¡Cállate!

ABADESA   No le sigo.

INSPECTOR   La bala atravesó el cráneo de la hermana que se encontraba frente al plato y el final de su trayectoria fue el marco de la puerta. Confirmando el lugar del disparo.

SOLEDAD   (*Hace gestos.*)

ZORIONE   (*Traduce.*) Dice que no entiende nada.

INSPECTOR   En las pistas está clara la solución. No tene-
               mos una asesina, sino dos.

ABADESA   ¿Cómo? (*Pega a las tres enumerándolas.*) ¡Que
               me perdone la inocente! ¿Quiere decirnos
               que se trata de una banda?

INSPECTOR   No podría asegurarlo pero todo apunta a que
               sí podría haber un objetivo común.

CONSTANZA   Ya sé por donde va. ¡Qué feo, qué feo! He
               notado el prejuicio en sus palabras. En el mo-
               mento que ve a una persona de color ya se
               cree que pertenece a las «Latin Queen».

ZORIONE   Salió el gordo…

INSPECTOR   ¿Persona de color?

CONSTANZA   Estoy orgullosa de mis orígenes, no me im-
               porta que me llame negra.

               (*El* INSPECTOR *mira a la madre* ABADESA.)

ABADESA   Me ha dado pena corregirla todos estos años…

SOLEDAD   (*La llama loca haciendo gestos.*)

CONSTANZA   Que mi color de piel y mi voz rasgada de soul
               con algunos matices funky no le confundan.

No pertenezco a una banda, mi banda fueron aquellos esclavos en los campos de algodón de Illinois… (*Canta.*) «Amo, seré libre cuando el cóndor sobrevuele la plantación… ¡amo!».

INSPECTOR ¡Cállese! Y ya hablaremos luego de…

CONSTANZA ¿Racismo? ¡Dígalo! (*Hace gestos exagerados.*) Me da igual su placa, me levanto y le pateo su culo blanco cagando leches…

ZORIONE Siéntate y cállate Aretha…

INSPECTOR Me atrevería a decir que la hermana Catherine Wellstone fue asesinada, la autopsia nos dirá cómo, en el jardín y posteriormente trasladada y colocada en la mesa del comedor. Instantes después una segunda malhechora le disparó en la oscuridad de la noche y a la luz de las velas que alumbraba el comedor y ni se percató de que ya estaba muerta.

ABADESA Necesito un té.

ZORIONE (*Hace gestos.*) Quiere té.

SOLEDAD (*Hace gestos.*)

ZORIONE (*Traduce.*) La hermana Soledad tiene una tetera lista en la otra sala, ¿le importa que vaya por ella, señor inspector? Así descanso las manos.

INSPECTOR   Claro, vaya hermana.

CONSTANZA   ¡Voy Yo!... pero porque quiero, no porque
             sea la esclava de nadie.

INSPECTOR   ¿Seguro?

ZORIONE   No hace falta, hermana Constanza.

CONSTANZA   Insisto, ¿en qué salita está la tetera?

ABADESA   En la del Medinaceli.

ZORIONE   Primera puerta a la derecha.

CONSTANZA   Hermana Zorione confíe en mis dones... Iz-
             quierda, izquierda, derecha, derecha, delan-
             te, detrás.

TODAS   Un, dos, tres.

CONSTANZA   Ahora mismo les traigo el té. Con un chorri-
             to de coñá para la madre abadesa, leche sin
             lactosa para la hermana Zorione...

SOLEDAD   (*Hace ruidos.*)

CONSTANZA   ¡Que sí, hermana! Para usted un *frapuccio-
             no carmel macciato* con leche de almendras.

             (*Sale* CONSTANZA *tropezandose con todo.*)

INSPECTOR   Así hermana Zorione puede seguir traduciendo.

ABADESA   Cualquiera podríamos sin problemas, inspector, llevo toda la vida haciéndolo.

INSPECTOR   Sí, he sabido que la hermana Coletera Carter... fue abandonada aquí al nacer.

CONSTANZA   ¡Otra más!

ABADESA   Y desde entonces se ha dedicado en cuerpo y alma a la abadía. Es una de mis esclavas, ¡ups! siervas favoritas. Tiene una mano con la cocina que es una bendición de dios. ¡Y cómo canta! (*Canta.*) Habladurías y cotilleos llegaban al principio que la colocaban como descendientes de familias nobles. La verdad es que la manta que la envolvía era una pieza de terciopelo con las palabras mal bordadas en hilo dorado. Podríamos decir que no era de campesinos de estos lares, pero no fue reclamada nunca y desde esa bendita mañana del día de san Juan, la adopté como si fuese mía y me encargué de darle unos principios y un trabajo para mí... su felicidad.

BOB   (*Voz en off.*) Aquí tiene el informe inspector Jefferson.

(INSPECTOR *sale por el sobre. Entra la hermana* CONSTANZA.)

CONSTANZA ¡Santa Ursula de Etiopía! ¿Habéis oído también agonizar a un animal?

ZORIONE Era la hermana Soledad.

CONSTANZA ¿Y por qué la hermana Soledad apaleaba a un asno?

ZORIONE Cantaba.

CONSTANZA ¿Cantaba?

SOLEDAD (*Hace gestos.*)

ZORIONE (Traduce.) Dice que lo sirve ella.

CONSTANZA Bueno si es para que la discapacitada se sienta útil yo no tengo problema, Dios es amor. El que huele a «Soberano» es el de la madre abadesa.

ABADESA ¡Sientese hermana Constanza y deje a Soledad!

(*Entra el* INSPECTOR.)

INSPECTOR Hermanas, la solución al enigma del motivo de la muerte está en este sobre y quizás eso nos lleve a la identidad de las asesinas. (*No puede abrir el sobre.* ZORIONE *lo ayuda. Lee y se sorprende.*) ¿Cómo?, ¿no puede ser?

ZORIONE ¿Ocurre algo inspector?

INSPECTOR   El enigma Wellstone acaba de dar un giro inesperado.

ABADESA   Los caminos del señor son inescrutables.

CONSTANZA   Creo que me he pasado con el «Soberano», como no veo.

ABADESA   Señor inspector. Beba té y relájese.

INSPECTOR   (*Da un sorvo al té.*) Volvamos sobre los pasos dados hasta ahora. (*Lee.*) El informe confirma que Catherine Wellstone sufrió un fuerte traumatismo y en principio se establece como una de las posibles causas de la muerte ya que fue golpeada en la cabeza provocando lesiones a nivel craneal. (*Hace una pausa.*) Dicho daño no le causó la muerte en el acto, por lo tanto, este motivo se archiva como: NO-Concluyente.

CONSTANZA   ¿No fue golpeada?

INSPECTOR   Golpeada, sí; pero no sabemos si le causó la muerte. (*Toma té y lee.*) Segunda posible causa de la muerte: un proyectil de arma de fuego de un rifle Smith & Wesson, modelo Ruso de 1873 fabricado por la casa Odeler. ¡Coincide! Este detalle pudo causarle daños cerebrales y posible muerte, pero no se sabría con certeza. Por lo tanto, este motivo se archiva como: NO-Concluyente.

ABADESA   Pero le dispararon…

INSPECTOR   Disparada, sí; pero no sabemos si le causó la muerte.

ZORIONE   ¿Nos está diciendo que no se sabe si murió del golpe o del disparo?

INSPECTOR   (*Mientras coge la taza marcada con una X.*) O envenenada…

CONSTANZA   ¿Cómo? ¿Qué está diciendo ahora?

INSPECTOR   ¿Recuerda hermana… (*Señala.*) ella, se la encontró con la cabeza metida en el plato, ¿verdad?

ABADESA   (*Acento italiano.*) Como un garbanzo, sí.

INSPECTOR   (*Lee.*) El departamento de toxicología confirma que en el estómago de la víctima había una cantidad considerable de «Bromadiolona», compuesto químico de los raticidas, pudiendo ser una tercera posible causa de la muerte, pero no se sabría con certeza. Por lo tanto, este motivo se archiva como…

CONSTANZA   No me lo diga: NO-Concluyente.

SOLEDAD   (*Hace gestos.*)

ZORIONE   (*Traduce.*) ¿Entonces murió envenenada?

INSPECTOR   Fue también envenenada, pero no sabemos si le causó la muerte.

CONSTANZA   Santa madre bendita, ¿cuántas veces murió esta mujer?

INSPECTOR   Cuatro.

(*Todas exclaman «cuatro» y* SOLEDAD *hace el numero con los dedos.*)

ABADESA   Solo he contado tres.

INSPECTOR   (*Lee.*) El cuerpo fue penetrado...

CONSTANZA   ¡Violada! ¡Violada!

INSPECTOR   ¡¿Qué está diciendo hermana?! El cuerpo fue penetrado por un objeto agudo o puntiagudo a corta distancia...

CONSTANZA   Pues eso: ¡violada!, ¡violada! ¡Vamos a morir jóvenes!

ZORIONE   (*Con maldad.*) Bueno para algunas ya es tarde para morir jóvenes...

(*Se ríen mirando a la* ABADESA *que les hace una «peineta» con el dedo.*)

INSPECTOR   Agredida por arma blanca hermana Constanza. Un cuchillo o puñal de quince centímetros que le perforó una arteria que podría causar la muerte, pero no se sabría con certeza. Por lo tanto, este motivo se archiva como: NO- Concluyente.

ZORIONE   ¿Tampoco fue apuñalada entonces?

INSPECTOR   Fue apuñalada, sí; pero no sabemos si le causó la muerte.

ABADESA   ¿Entonces qué está pasando?

INSPECTOR   Pues que no me encuentro frente a una asesina…

SOLEDAD   (*Hace gestos.*)

ZORIONE   (*Traduce.*) Pregunta: si somos todas inocentes.

INSPECTOR   No, no me han entendido. No estoy frente a una asesina ni frente a dos. Estoy convencido de que las cuatro son culpables de la muerte de la hermana, Catherine.

                 (*Todas escupen el té. Luego* ZORIONE *traduce y es* SOLEDAD *la que lo escupe.*)

ABADESA   ¿Está usted loco? ¿Cómo se atreve a culpar a la madre abadesa Violeta Simonetti de incumplir un santo mandamiento como es el de «no matarás»? ¿Qué motivo tendría yo para mancharme las manos con la sangre de esa alma descarriada e invertida?

INSPECTOR   ¿Motivos? ¿Le parece que no es motivo sufi-
             ciente que la sede de la iglesia quería susti-
             tuirla por la hermana Catherine Wellstone?

TODAS   ¡Zasca!

CONSTANZA   Yo lo veía venir...

ZORIONE   Es mala...

SOLEDAD   (*Asiente.*)

ABADESA   ¡Callarse! ¿Cómo sabe usted eso?

INSPECTOR   No es importante la fuente sino la claridad
             de las aguas que lleva y trae.

CONSTANZA   ¡Qué bonito!

ABADESA   Y de ser así, señor inspector, ¿cómo lo hice?
             ¿Mediante la oración?

INSPECTOR   ¡Usted fue quién disparó a la hermana Ca-
             therine Wellstone con un rifle Smith & Wes-
             son, modelo Ruso de 1873, fabricado por la
             casa Odeler!

ABADESA   ¿Cómo se atreve? ¿En qué se basa? ¿Yo no
             era la única con acceso a la armería, como
             usted dijo?

INSPECTOR   Y así es, pero el alguacil Bob cuando compro-
             bó el inventario sacro hizo mención al estado

de suciedad de la armería. La hermana…, la sorda, solo entraría allí con la excusa de limpiar. Queda descartada que ella abriera esa cerradura en mucho tiempo.

ABADESA   (*Acento neutro.*) Esa prueba no es suficiente para culparme de asesinato.

CONSTANZA ¡Por fin en castellano neutro! Que tranquilidad para mis oídos.

INSPECTOR Me lanzo más aún. Hermana…

(*Duda.*)

ZORIONE   Venga inténtelo.

INSPECTOR ¿So-le-dera?

LAS TRES   ¡Soledad!

INSPECTOR Casi… ¿vio usted a la hermana… (*Señala a la* ABADESA.) a ella…

CONSTANZA ¿A mí?

ABADESA   A mí.

INSPECTOR …correr por la puerta justo el momento después del disparo?

SOLEDAD   (*Asiente con la cabeza.*)

ZORIONE   (*Traduce.*) Dice que sí.

INSPECTOR   Pero lleva todo el interrogatorio con bastón y cojeando.

ABADESA   Me… duele la cadera y me lastimé la rodilla corriendo.

INSPECTOR   Hermana Simonetti, ¿si mirase debajo del hábito no encontraría el desaparecido rifle Smith & Wesson, modelo Ruso de 1873, fabricado por la casa Odeler atado a su pierna?

ABADESA   (*Nerviosa.*) Ningún hombre va a mirar debajo de mi sagrada vestimenta, es usted un descarado sinvergüenza…

(*La hermana* ZORIONE *se levanta, le sube el hábito, le quita el rifle y se lo da al* INSPECTOR.)

ZORIONE   ¡Asesina!

CONSTANZA   ¡Asesina!

SOLEDAD   (*Hace gestos.*)

ZORIONE   (*Traduce.*) Dice que, ¡asesina!

CONSTANZA   ¡Y desubicada!

INSPECTOR   No se altere tanto hermana Zorione, sobreactuar le perjudica.

ZORIONE	¿Qué está insinuando?
INSPECTOR	Le voy a contar un cuento…
CONSTANZA	¡Ay, un cuento!
INSPECTOR	Hubo una vez una paloma que se sentía extraña en un mundo de cuervos. La paloma se escondía en el trabajo para no afrontar su verdadera naturaleza. Un día llegó un cisne y le sonrió. Otro día le rozó el ala y la pobre paloma creyó que el cisne la amaba, pero la paloma era solo un entretenimiento del cisne. Un día la paloma decidió declararle al cisne su amor y este se rio de la pobre paloma… ¿Sabe cómo continúa la historia?
ZORIONE	No.
INSPECTOR	Que usted no soportó el rechazo de la hermana Catherine Wellstone y la golpeó con un tronco en la cabeza. Luego nerviosa decidió llevarla al salón sin fijarse que perdió un zapato colocando la cuchara en la mano zurda… (*Todas juntas se persignan y van a repetir tres veces* «Luciferum alejan la manu intrusa» *pero el* INSPECTOR *las manda a callar.*) ¡Cállense! Dejó el cadáver sentado, esperando sin saberlo, que fuera disparada minutos después por la hermana… madre abadesa! ¿Me equivoco?
ZORIONE	¿Tiene pruebas?

CONSTANZA ¡Pero, que intenso todo!

INSPECTOR (*Lee la autopsia.*) Antes omití un detalle de la autopsia, déjame leerle: el informe confirma que Catherine Wellstone sufrió un fuerte traumatismo y en principio se establece como una de las posibles causa de la muerte ya que fue golpeada en la cabeza provocando lesiones a nivel craneal. Atenta a esta parte hermana… invertida: se localizan varias astillas en la piel, pelo y ropa de la fallecida. ¿Cuántas veces nos dijo hoy que había estado cortando leña?

ABADESA ¡Asesina!

CONSTANZA ¡Asesina!

SOLEDAD (*Hace gestos.*)

ABADESA (*Traduce.*) Dice que, ¡asesina!… ¡Y bollera!

CONSTANZA Perdón no quiero interrumpir, pero ¿qué pasó al final con la paloma?

ABADESA La paloma coja era la vasca, el cisne la muerta y los cuervos nosotros.

CONSTANZA (*Piensa en ello.*) ¡Lesbianismo! ¡Lesbianismo! Lo sabía. Pues, inspector, ya tienen a las dos asesinas, así que la hermana Soledad y yo somos inocentes.

SOLEDAD   (*Ruidos.*)

CONSTANZA   No la entiendo, vocalice.

SOLEDAD   (*Ruidos.*)

CONSTANZA   ¿Por qué aplaudimos?

SOLEDAD   (*Ruidos.*)

CONSTANZA   ¡Sí, sí! Yo también he escuchado a una paloma.

SOLEDAD   (*Ruidos.*)

CONSTANZA   ¿Ha dicho paloma o gilipollas? ¡Mire que la doy. ¿eh?!

INSPECTOR   No se venga arriba, Her-ma-na... ciega.

CONSTANZA   ¿Cómo?

INSPECTOR   Voy con usted. La invidente de la historia. Celosa, posesiva, envidiosa...

ZORIONE   ¡Y pintas como el culo! Qué ganas de decirlo...

ABADESA   ¡Amén!

CONSTANZA   ¡Que alguien me coja esta taza! ¿Cómo se atreve a llamarme celosa, posesiva...? Espere..., ¿qué pinto como el culo?

INSPECTOR Si ahora mismo me comiera un cocido de garbanzos, ciento veinte natillas y una docena de la bollería de la hermana Zorione y fuera al baño, estoy convencido que defecaría algo con mejor aspecto que su arte.

CONSTANZA Usted no tiene ningún criterio artístico y si no, ¿por qué todas las paredes están llenas de obras mías si son tan feas?

ABADESA ¡Pesada! No tenemos ni una colgada, todas están en la basura. Parecían pintadas por un psicópata de cuatro años.

CONSTANZA ¿La del nacimiento de Jesús en el pesebre también?

ABADESA ¡Esa ya era basura antes de tirarla!

INSPECTOR Pero su arte por muy horrendo que sea, no mata, quizás empuje al suicidio, pero no es mortal. Sin embargo, usted... ¡sí es una asesina!

CONSTANZA ¿De qué está hablando?

INSPECTOR ¡Estoy aquí leñe! Deje de mirar al lado contrario.

CONSTANZA Es usted el que no para de moverse...

INSPECTOR Cuando me enseñó la bufanda...

ABADESA   ¡Otro cromo!

CONSTANZA ¿Tampoco tejo bien?

SOLEDAD   (*Hace gestos.*)

ZORIONE   Dice que ella, con los dedos de los pies, haría algo más bonito.

CONSTANZA ¡No mientas, nadie dijo nada!

ABADESA   Por no hablar de Loro.

ZORIONE   Ni del pobre Jeremías.

INSPECTOR En la autopsia se hacía mención a un apuñalamiento y en ese momento recordé su bufanda y cómo uno de sus abalorios estaba manchado con sangre: un cuchillo.

CONSTANZA ¿Un cuchillo? Se confunde inspector, será una pluma de ave de acero que uso como adorno al igual que las medallas de la virgen y de Cristo niño.

ABADESA   ¡Son tenedores y cucharas!

INSPECTOR Esa «pluma» a la que usted se refiere no es otra cosa que un cuchillo. Cuando lo vi pensé que usted, debido a su minusvalía…

CONSTANZA ¿Y ahora por qué le está hablando a la sorda?

INSPECTOR   Le estoy hablando a usted.

CONSTANZA   ¿Minusválida, yo? ¿ Una minusválida podría hacer esto?

                  (*Se marca un baile imposible, totalmente arrítmico.*)

ABADESA   Una minusválida no sé, pero tú, no.

CONSTANZA   ¿Tampoco bailo bien?

INSPECTOR   ¡Cállese! Cuando lo vi, ¡a usted!, (*La toca con el dedo.*) pensé que se habría herido no dándole más importancia hasta que el informe la delató. Entonces pensé, ¿qué persona apuñala un cuerpo que tras ser disparado cae encima de un plato de sopa sobre la mesa y no se da cuenta de que ya había muerto?

ZORIONE   La de los sentidos arácnidos.

INSPECTOR   Exactamente.

ABADESA   ¡Asesina!

ZORIONE   ¡Asesina!

SOLEDAD   (*Hace gestos.*)

ZORIONE   (*Traduce.*) Dice que, ¡asesina!

ABADESA   ¡Y sin ningún talento!

INSPECTOR	Y nos queda la pobre y mentirosa huérfana sordomuda...
ABADESA	¡¿No es sordomuda?!
	(Hace gestos de no entender.)
INSPECTOR	Sí, sí, sordomuda es.
ABADESA	¡Ah!, perdón.
CONSTANZA	Yo no tengo mucha conversación con ella, la verdad.
INSPECTOR	Es huérfana, sordomuda y...
ABADESA	Torpe, traste y testaruda.
SOLEDAD	*(Hace gestos.)*
ZORIONE	*(Traduce.)* No sabe a qué se refiere.
INSPECTOR	Una huérfana de familia adinerada abandonada en un monasterio que odiaba a la fallecida tanto como para no intentar ocultarlo. Siempre a la sombra de las demás, nunca la «voz» cantante en nada, pero que no dudó en envenenar la sopa que inhalaría por la nariz la hermana Catherine Wellstone con su último aliento de vida. ¿Por qué lo hizo? Esa pregunta ha estado revoloteando en mi cabeza todo este tiempo. Busqué patrones para acercar dos mundos tan diferentes y el

primero llegó con la fecha de nacimiento de la fallecida, el 24 de junio de 1923, justo el día de San Juan ¿qué pasó ese día madre abadesa?

ABADESA (*Acento catalán.*) Que dejaron en la puerta a la hermana Soledad cuando era un bebé recién nacido.

INSPECTOR Recuérdeme que ponía en la nota que la acompañaba.

ABADESA «Esta, para vosotras».

INSPECTOR ¿Esta? ¿Habría «otra» que se la quedaban ellos? ¿Sería una sorpresa la llegada de mellizas y decidieron abandonar a una? Luego pensé en la manta, ella se refirió que aparecía una palabra mal bordada en hilos dorados: Cawell. Pero al hablar con usted, hermana… Simonetti...

TODAS ¡Bien!

INSPECTOR …matizó un detalle. Que no era una palabra si no palabras en plural, ¿las recuerda?

ABADESA Sí, Ca y Well…

INSPECTOR Interesante. ¿Una mantita mal bordada o simplemente alguien se encargó de quitar letras para que no se les relacionara? Nadie bordó «Ca y Well» pero sí Catherine Wellstone. La

hermana Soledad Cawell es la hermana melliza de la fallecida.

(*Todas se asombran. La ciega mira al contrario.*)

ABADESA   ¡San Judas Tadeo! Si no lo veo no lo creo.

INSPECTOR   Pero, claro, ¿cómo lo averiguó usted? Y la
             respuesta era la más sencilla de todas. En
             cuanto entró por la puerta del convento pudo
             ver la marca...

TODAS   ¡El pene!

INSPECTOR   En la frente de la hermana Catherine, recono-
             ciendo dicha mancha de una forma familiar
             al instante, ya que la misma marca la tiene us-
             ted, ¿me confundo?

             (*La hermana* SOLEDAD *se levanta la manga y
             enseña la marca en forma de pene.*)

CONSTANZA   ¿Como era un pene? No lo recuerdo.

SOLEDAD   (*Aplaude lentamente. Hace gestos.*)

ZORIONE   (*Traduce.*) Es usted muy inteligente, pero re-
             sulta que no sabe quién mató finalmente a la
             hermana Catherine Wellstone. ¿Qué hará
             ahora? ¿Quién es la asesina?

ABADESA   Eso digo yo.

ZORIONE   Tiene frente a usted a tres sospechosas de intento de asesinato y una supuestamente asesina, es decir «nada concluyente».

INSPECTOR   Interesante. Yo lo veo diferente a usted hermana. Tengo a cuatro asesinas, pero solo una es medio inteligente para hacer bien el trabajo.

ABADESA   (*Acento italiano.*) Inteligencia... ¿Cree que usted está capacitado para hablar de inteligencia inspector Jefferson?

INSPECTOR   No le entiendo.

ABADESA   Está solo en una habitación con cuatro asesinas.

ZORIONE   (*Coge el rifle.*) Una de ellas armada.

CONSTANZA   Y otra bastante ofendida por su crítica acerca de mi arte.

INSPECTOR   ¿Me están amenazando?

SOLEDAD   (*Hace gestos.*)

ZORIONE   (*Traduce.*) Amenazar sería si quisiéramos conseguir algo de usted y no es el caso, de usted ya hemos tenido lo que queríamos.

    (*El* INSPECTOR *mira la funda de su pistola y está vacía.*)

ZORIONE   ¿Busca su pistola?

ABADESA   ¡Cuélgale la gabardina al señor Inspector!

(*Ríen de forma maquiavélica.*)

INSPECTOR   Solo tengo que llamar al alguacil Bob para que entre y me ayude a detenerlas.

(*Ríen de forma maquiavélica y llaman gritando a* BOB.)

TODAS   ¡Bob, Bob!

ABADESA   ¿Cuánto tiempo lleva sin ver a Bob?

CONSTANZA   ¡No más que yo!

(*Ríen de forma maquiavélica.*)

INSPECTOR   ¿Qué han hecho con Bob?

ZORIONE   Le di té antes que a usted.

(INSPECTOR *empieza a marearse.*)

INSPECTOR   ¿Qué me han dado? ¿Me han envenenado?

ABADESA   Es broma… ¡Bromadiolona! (*Ríe.*) «Bromadiolona», creo que escribió la forense en el que ha sido su último informe.

INSPECTOR   ¿La han matado?

CONSTANZA   Está descansando en el salón de ajedrez.

SOLEDAD   (*Hace gestos.*)

ZORIONE   (*Traduce.*) Frente a la sala de cartas.

INSPECTOR   Junto al salón del parchís.

ABADESA   Ella se tomó el té especial de la hermana Soledad Wellstone con Bob.

INSPECTOR   Están locas y son unas inconscientes, ¿qué cree que hará el Duque de Wellstone III cuando mañana no sepa de mi informe?

ZORIONE   (*Con voz más varonil.*) Señor inspector Jefferson soy el Duque Wellstone III y quería encomiarle una misión altamente secreta, nadie debe conocer la naturaleza de la misma.... bla,bla,bla.

(*Ríen de forma maquiavélica.*)

INSPECTOR   La boller...

(*Tose.*)

CONSTANZA   También fue bendecida con voz recia.

ABADESA   Está solo y nadie sabe que está aquí.

INSPECTOR   Pero ¿por qué?

ABADESA (*Acento francés.*) Por aburrimiento, señor inspector, ¿sabe lo que es ser una monja de clausura? Antes al menos éramos decenas de siervas, ahora mírenos, ¡solo quedamos cuatro!

ZORIONE También hemos matado, no sé... ¿a más de veinte monjas?

ABADESA Desde hace seis años organizamos anualmente «La noche del misterio», lo preparamos minuciosamente para que ningún cabo quede suelto.

CONSTANZA (*Con retintín.*) Antes jugábamos al cinquíllo pero esto, esto es mucho más divertido.

ABADESA Hace once meses el destino nos trajo a la hermana Catherine Wellstone y era la tonta perfecta y la familia idónea para mantener la abadía viva. Sus donaciones son generosas y por las cuales estamos agradecidas a nuestro señor.

INSPECTOR ¿Y cuándo se den cuenta de su desaparición?

ZORIONE Esto es un convento de clausura. Con enviar una carta al mes a su familia alargaremos su existencia años.

SOLEDAD (*Hace gestos.*)

ZORIONE (*Traduce.*) Y no olvide señor inspector que, tenemos a una melliza de la familia Wellstone que podría pasarse por la auténtica Catherine en el futuro con solo ponerse un dibujo de un pene en la frente...

CONSTANZA ¡Ya recuerdo cómo era un pene!

TODAS (*Tocan.*) ¡Y qué pene!

INSPECTOR Sin circuncidar...

ABADESA *Too much information!*

INSPECTOR ¡Monjas taradas, ayúdenme me estoy muriendo! No puedo respirar...

CONSTANZA Esa es la idea.

INSPECTOR Dios os va a castigar a todas.

ZORIONE Mírenos... ya nos está castigando.

(*El* INSPECTOR *expira y cae muerto mientras la hermana* CONSTANZA *le toma el pulso y coloca su palma de la mano en los pies en vez de la cara, añade.*)

CONSTANZA Caput... ya no respira.

(*Todas comienzan a cantar en gregoriano mientras se colocan en el proscenio.*)

ABADESA Este año nos hemos superado, hermanas, somos unas actrices profesionales.

CONSTANZA   Y que lo digas, yo casi me creo que habíais tirado mis cuadros.

(Todas mirando al público hacen el gesto de silencio con el dedo.)

Oscuro y Fin.

Esta primera edición de *santas y perversas*,
de Jose Warletta, terminó de imprimirse
en febrero de dos mil veinticinco,
en Madrid.